LES

PROSCRITS.

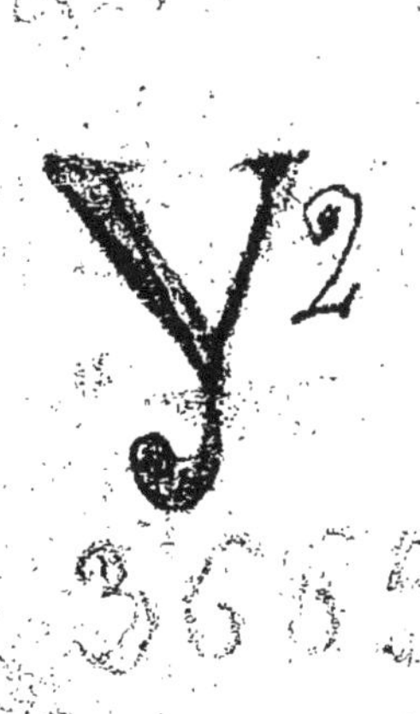

IMPRIMERIE DE CHAIGNIEAU AINÉ.

… Proscrit peut-être

LES PROSCRITS.

PAR CHARLES NODIER.

A PARIS,

Chez LEPETIT et GÉRARD, libraires, rue Saint-André-des-Arts, n°. 44, et Palais du Tribunat, galerie de bois, n°. 223.

AN X. — 1802.

A

FRANCIS DALLARDE.

La Nature m'avait refusé un frère ; je l'ai trouvé en toi.

Tu avais des plaisirs, et tu m'y as associé. J'avais des chagrins, et tu y as compati. J'ai eu des torts, et tu les oublies.

Quand j'ai essayé de peindre l'amitié, c'est à toi que je pensais, et je prenais mes traits dans mon cœur.

VI

C'est à ce titre que je te soumets mon faible ouvrage. Si j'ai désiré qu'il fut meilleur, c'est que j'aurais voulu qu'il fut plus digne de toi.

PRÉFACE.

—VOTRE Ouvrage n'aura pas le suffrage des gens de goût.—

J'en ai peur.

— Vous avez cherché à être neuf. —

Cela est vrai.

— Et vous n'avez été que bizarre. —

Cela est possible.

— On a trouvé votre style inégal. —

Les passions le sont aussi.

— Et semé de répétitions. —

La langue du cœur n'est pas riche.

— Votre héros s'efforce de ressembler à Werther. —

Il y a tâché quelquefois.

— Votre STELLA ne ressemble à personne. —

C'est pour cela que je lui consacre un monument.

— On a vu votre fou partout. -

Il y a tant de malheureux !

— Enfin, vos caractères sont mal choisis. —

Je ne choisissais pas.

- Vos incidens mal inventés. -

Je n'inventais rien.

— Et vous avez fait un mauvais roman. —

Ce n'est point un roman.

LES
PROSCRITS.

CHAPITRE PREMIER.

J'écrirai.

J'ÉCRIRAI. — Le souvenir des douleurs passées est presqu'aussi doux que celui d'un ancien ami.

Ma vie fut long-temps agitée par les orages du malheur; mais elle s'accoutuma aux tempêtes, et elle trouva sa force dans ses chagrins. Aujourd'hui, j'aime à m'entretenir de mes revers, comme un vieux soldat aime à montrer du doigt, sur la carte, l'endroit où il fut blessé.

Cependant, je n'ai point formé le dessein orgueilleux d'écrire pour la gloire. J'ai beaucoup vécu, beaucoup souffert, beaucoup aimé, et j'ai fait un livre avec mon cœur.

Ne me lisez point, génération d'heureux, qui allez parcourir une carrière embellie par les prestiges de la fortune; entourez votre existence des tableaux rians et gracieux de l'Albane. J'ai vogué sur une mer infidèle, et je ne peins que des écueils.

Ne me lisez point, femmes jolies, qui souriez à l'essaim brillant de vos jeunes adorateurs, et qui n'occupez le présent qu'à compter les jouissances du passé, qu'à épier le bonheur de l'avenir.

Roses du matin, balancez-vous au souffle des zéphirs sur vos tiges parfumées. STELLA était une rose comme vous, mais elle s'épanouit sous un soleil brûlant, et elle mourut.

C'est pour vous que j'écris, êtres impétueux et sensibles, qui avez été froissés de bonne-heure par le choc des passions, et dont l'ame s'est nourrie des leçons de l'infortune.

Vous n'avez trouvé autour de votre jeunesse confiante que séduction et perfidie. Les regrets douloureux vous ont suivis dans l'âge mur; la société vous a rebutés, les hommes vous ont haïs, et vos douces erreurs se sont effacées, comme le sillon fugitif qu'un vent léger trace dans l'onde.

Venez sur mon cœur; je vous aimerai, j'adoucirai vos chagrins en les partageant, et nous pleurerons ensemble, s'il nous reste des pleurs à verser.

CHAPITRE II.

Proscription et solitude.

J'AVAIS vingt ans ; les dernières fleurs s'étaient épanouies aux derniers rayons du mois de mai, et je fuyais ma douce patrie. Ainsi, ce génie funèbre qui planait sur la France épouvantée, enveloppait dans ses immenses proscriptions l'âge et le mois des amours.

Oh ! si j'écrivais comme je sens, je dépeindrais en traits rapides les convulsions de ces jours de deuil, et vous frémiriez du souvenir de vos propres maux ; mais je n'accuserais point la providence, comme cette foule injuste et irréfléchie, qui aime mieux calomnier le ciel que chercher la vérité.

Les révolutions sont de grandes maladies qui affligent l'espèce humaine, et qui doivent se développer à des temps marqués. C'est par elles que les nations se purifient, et que l'histoire devient l'école de la postérité.

Non, ce bouleversement n'est point un ouvrage de ténèbres, préparé dans l'ombre de quelques nuits, par une poignée de fanatiques et de séditieux; c'est l'ouvrage de tous les siècles, le résultat essentiel et inévitable de tous les événemens passés, et pour que ce résultat ne fût point produit, il aurait fallu que l'ordre éternel de l'univers fût violé.

Gémissez encore, gémissez toujours,

vous qui avez perdu, au milieu des horreurs de ce fléau, les objets de vos plus chères affections, mais ne murmurez plus la vengeance; élevez des cyprès sur la tombe de vos parens assassinés, et n'y sacrifiez point de victimes humaines : les Mânes sont des dieux paisibles qui ne s'abreuvent pas de sang.

Pardonnez, car c'est l'acte le plus juste, comme le plus doux de la puissance : je crois qu'il est peu de coupables. La fièvre et les passions rendent furieux, mais les hommes ne sont méchans que quand ils sont malades.

J'arrivai au pied de la montagne, et je vis sur le revers le clocher de Sainte-Marie qui se perdait dans les sapins. Je m'assis sur un tronc d'arbre que l'orage avait renversé, à quelques pas d'un ruisseau qui descendait à travers les fentes d'un rocher, et qui s'égarait au loin dans le vallon.

Est-ce un si grand mal, m'écriai-je, de quitter ainsi les villes, et de se trouver seul avec soi-même?

Je suis libre, et rien ne contraint ma pensée, ajoutai-je avec fierté; elle est indépendante comme l'air que je respire.

Ces bois qui s'élèvent en amphithéâtre sur une terre agreste renferment, peut-être, quelque cabane hospitalière. J'y coucherai sur une natte que j'aurai tissue, et je m'y nourrirai d'alimens simples que j'aurai apprêtés. Je n'y goûterai point ces plaisirs tumultueux qui émoussent la sensibilité sans la satisfaire; mais rien ne troublera mon repos, et je jouirai d'une douce paix, tandis que mes semblables se déchirent pour de vagues abstractions.

J'appuyai ma tête sur mes mains, et je sentis rouler dans mes yeux une larme de douleur ; je les relevai vers le ciel, et elle devint une larme de reconnaissance. Il était cinq heures du soir; le ciel était pur; la lumière du soleil tremblait dans le feuillage, et étincelait sur la neige des hautes montagnes; on n'entendait d'autre bruit que le frémissement de la bruyère, et ce calme vaste et profond était en harmonie avec mon cœur.

Je n'étais point une victime illustre, et mon nom se perdait dans la foule des proscrits; mais je rêvai la gloire de Barneveld et de Sydnei, et mon ame s'éleva.

Il y a des instans où le sang s'écoule avec plus de vîtesse, où le cœur bat avec plus d'activité, où une douce chaleur anime tous les organes; les facultés s'augmentent; l'imagination s'embellit; les sensations se pressent et se confondent; on vit plus vîte, et on vit mieux.

J'étais dans un de ces momens d'exaltation, et il me sembla que la nature était un immense domaine, dont j'avais été long-temps banni, et que je venais de reconquérir.

CHAPITRE III.

Le Fou de Sainte-Marie.

JE me levai, et je suivis les bords du ruisseau en remontant vers sa source; son murmure entretenait dans mon ame une langueur délicieuse, et le sentiment de mon existence était centuplé. Je n'aurais, peut-être, pas rendu raison de la douceur de mes émotions, mais elles étaient vives et pures; aucun objet ne m'occupait particulièrement, mais tous affectaient agréablement mes sens; enfin, je ne pouvais plus suffire à la succession rapide de mes sensations, elles m'oppressaient doucement, et mon cœur éprouvait cette espèce d'étreinte qui le resserre sans le blesser.

Dans un endroit où le bois, devenu plus épais, dérobait à ma vue le cours du ruisseau, je m'appuyai contre un sapin, et je soupirai; toutes les puissances de mon ame s'élevaient vers le créateur, et j'avais besoin de lui rendre une solennelle actions de grâces.

Repos et bonheur! dis-je tout haut.

Pauvre Lovely, plus de repos, plus de bonheur! répondit une voix touchante!

Il y a donc des êtres souffrans, m'écriai-je! ma félicité était si complète, que son expansion devait remplir toute la nature!

Je m'approchai, et je vis, assis sur un quartier de roc détaché de la montagne, un jeune homme qui paraissait avoir vingt-cinq ans; ses cheveux blonds tombaient sur ses épaules, sans apprêts, mais sans désordre; sa figure était intéressante comme sa voix. Une longue habitude de chagrin l'avait flétrie, sans lui ôter son expression native de noblesse et de fierté. On voyait, au dérangement de ses traits, qu'ils avaient été autrefois déformés par les irritations du désespoir; mais sa physionomie exprimait le calme d'une tristesse réfléchie : ce n'était plus là cette douleur violente et fougueuse qui se dévore elle-même; c'était le caractère auguste de la mélancolie qui gémit sur un tombeau.

J'avais eu tout le temps de faire ces réflexions, car nous nous fixions l'un et l'autre sans nous parler. J'ai observé que lorsque deux hommes, qui doivent se connaître, s'aperçoivent pour la première fois, leurs ames s'élancent dans leurs yeux par un mouvement simultané, se cherchent, s'étudient d'un regard inquiet, et s'interrogent pour se juger. J'avais déjà apprécié Lovely dans cette contemplation silencieuse; je trouvai ses yeux, et j'y lus une expression si éloquente, que je sentis, à n'en pas douter, que nous étions faits l'un pour l'autre; et ce n'était point l'effet d'une vague prévention, mais celui d'une conviction irrésistible et profonde qui me criait : Embrasses le frère que la providence t'a choisi!

Qui oserait en douter ? elle a fourni

abondamment à tous nos besoins ; elle a placé sur les arbres le fruit qui nous nourrit et qui nous désaltère ; elle nous a donné la laine des animaux pour nous vêtir, l'ombre des bois pour nous préserver des feux du soleil ; et dans cette multitude de soins généreux, elle aurait oublié de nous préparer un ami !

Ne vous y trompez point : ce n'est pas sans but qu'elle a combiné, avec un si parfait accord, toutes les parties de deux organisations différentes, et dussiez-vous ne considérer mon système que comme le paradoxe d'un bon cœur qui cherche à se rattacher à la vie par le plus doux des liens, je soutiendrai, contre tous les rêveurs de cette métaphysique désespérante ;

que chaque fois que l'esprit créateur a formé deux êtres qui se conviennent, il les destinait à se réunir et à s'aimer.

Je ne sais pas si les facultés pensantes de Lovely s'exerçaient sur les mêmes raisonnemens, mais il tirait les mêmes conséquences; et, au même instant, nous fîmes tous les deux un mouvement spontané l'un vers l'autre, pour nous presser mutuellement. Une réflexion rapide repoussa en nous-mêmes cet élan involontaire. Chez moi cette réflexion tenait aux bienséances du monde; chez Lovely, elle était produite par la défiance du malheur.

Je m'assis à ses côtés.... Je le regardai avec intérêt, et je répétai ses paroles avec effusion....

Plus de repos, plus de bonheur....

Jamais, répondit Lovely....

Jamais. Cela est affreux de désespérer ainsi de l'avenir, et d'avoir usé toutes les probabilités du bonheur à la fleur de ses années. Ce sentiment me glaça.

Lovely s'en aperçut et fut touché de ma pitié. J'ai beaucoup souffert, ajouta-t-il, mais je ne souffre plus.... Et il s'efforça de faire passer dans mon ame un sourire consolateur, comme pour s'excuser de m'avoir affligé.

Bon Lovely!

Il est barbare d'interroger les malheureux, et de rouvrir des plaies encore saignantes, par une compassion indiscrète; mais il y a des regards qui ont une signification plus étendue que tous les mots du vocabulaire, et Lovely me comprit.

Beaucoup souffert, reprit-il, en croisant ses mains sur sa poitrine gonflée, et en soulevant lentement ses paupières j'ai vécu dans les villes, et tous les plaisirs raffinés, qu'on y achète à si haut prix, ne sont que de hideux squelettes sous des habits somptueux. J'en ai cherché d'autres dans mon cœur, mais mon cœur était simple et confiant, et mon cœur a été trahi....

L'amour!.... Il articula ce mot avec un soupir; sa figure s'anima, ses yeux s'égaraient, ses muscles étaient crispés, et sa voix s'éteignit dans les sanglots.

Et l'amitié, dis-je, en posant ma

main sur son cœur, qui battait avec précipitation....

Reste-t-il des amis à ceux qui souffrent, dit Lovely ?

Oh ! si j'avais été son ami !

Je l'étais déjà ! Lovely laissa tomber sur ma main une larme brûlante.

Nous nous étions entendus, et nous n'avions plus rien à nous apprendre.

CHAPITRE IV.

J'ai un Frère.

LA mère de Lovely nous surprit ; elle cherchait son fils avec une tendre inquiétude, et, dès qu'elle l'aperçut, elle vint à lui sans me voir.

J'étais bien aise qu'elle ne me vit pas : ce doux épanchement des affections les plus pures ne veut pas avoir de témoins.

Lovely couvrait sa mère de caresses.

Ce spectacle m'émut, mais il ne m'étonna pas ; les malheureux aiment mieux ; la mélancolie est plus tendre, plus confiante, plus communicative que le plaisir, si, toutefois, la mélancolie n'est pas le plaisir de ceux qui n'en ont plus.

Comme j'étais électrisé! si la puissance divine m'avait transporté dans ce moment aux genoux de ma mère, comme je les aurais doucement pressés! Comme j'aurais imprimé sur ses pieds des baisers respectueux! Jamais je n'ai gémi avec plus d'amertume sur les chagrins dont j'ai quelquefois troublé son sommeil! Jamais je n'ai senti plus vivement la douceur de cette piété délicieuse, qui serait un bonheur, quand la reconnaissance n'en aurait pas fait un devoir.

Que je le plains! ce malheureux qui est emporté par les tempêtes de la vie, loin du seuil de ses foyers paternels, et qui est, abandonné à lui-même, dans un monde inconnu. Quand son cœur sera navré par la douleur, et qu'il ne saura plus où reposer sa tête, il dira : J'aurais reposé ma tête sur le sein de ma mère !.... et il gémira de l'avoir quittée, et il mourra, peut-être, sans qu'elle ait pu rafraîchir son sang par un baiser réparateur !

— O ! ma mère !

La mère de Lovely fut frappée de cette exclamation involontaire, et se tourna du côté où j'étais assis.

Le caractère de la vertu était empreint dans sa physionomie d'une manière si respectable, que le sentiment que sa vue fit naître en moi, se confondit, sans que j'y pensasse, avec le souvenir de ma mère. — Je me levai et je m'inclinai.

Mère de Lovely, lui dis-je, vous n'avez qu'un fils?

Un seul, répondit-elle; et toute son ame se fixa sur Lovely.

— Au nom du ciel! ayez deux fils...

La mère de Lovely me considéra avec attention.

Ne rebutez pas ma prière, lui dis-je! donnez un asile au malheur, et un frère à Lovely.

Elle me sourit tendrement, et s'appuya sur moi pour retourner à la chaumière.

Dites-moi, fiers dominateurs de ce globe, si jamais une aussi noble candeur consacra vos traités? je viens d'acquérir un bien plus précieux mille fois que tout l'éclat de votre puissance, et il m'est garanti par un sourire!

Tandis que vos ames hautaines rendent l'univers dépendant de leur orgueil, et l'ébranlent pour de vaines formalités, ici la nature fait tous les frais de l'étiquette, et la confiance ratifie les engagemens de la vertu.

J'ai un frère, dit Lovely, en passant son bras autour de mon cou.

CHAPITRE V.

L'Ile Sauvage.

OUI, la solitude est une amie qui rend à l'ame sa première trempe, et son empreinte effacée par les frottemens du monde; mais c'est une amie qui ne lui suffit pas; nous ne retournons à elle que dans nos revers, et quand les douces communications de la société nous sont interdites. L'homme n'est point né pour être seul, comme les bêtes farouches du désert, sans autres relations que celles de ses besoins, sans autre intérêt que celui de son existence; et quiconque a pu soutenir cette doctrine désolante, est un blasphêmateur qui déshonore l'humanité, ou un sophiste qui se joue de sa raison.

Un instant auparavant, j'avais été heureux de ma solitude, mais les sensations se seraient rapidement effacées, et je n'aurais plus trouvé que du vide dans mon cœur.

Il n'est de jouissances que celles qu'on peut répandre; on ne multiplie son bonheur qu'en multipliant ses liens; et celui-là seul a été fortuné sur la terre, qui y a laissé beaucoup de regrets.

J'ai cherché souvent à me représenter un homme, jeté par la tempête sur les bords d'une île sauvage, et isolé de tous les autres, sans espérance de les revoir.

Tantôt, il marche tristement sur

les rivages abandonnés, craignant de laisser tomber ses yeux sur ces campagnes sans culture, que jamais une main industrieuse n'a rendues fertiles.

Tantôt il reste debout, contemplant la vaste étendue des mers, et, pendant qu'il calcule cet immense obstacle qui le sépare de tout ce qu'il a aimé, un soupir douloureux s'échappe de son cœur en le brisant.

Quelquefois, il croit apercevoir un vaisseau qui déploie ses voiles dans le lointain; il y attache ses regards; il tremble de le perdre de vue; il se couche sur la terre; il retient son haleine; il espère... il hésite... il prie; et quand le soleil à son coucher vient dissoudre ces formes fantastiques, il voudrait les saisir encore, et prolonger jusqu'au lendemain l'erreur qui le séduit.

Souvent il écrit sur le sable, avec un bois difficilement aiguisé, le nom de ses parens, de ses amis, de sa maîtresse, qu'il a perdus pour toujours. Souvent il le prononce ; il s'entretient avec leur mémoire chérie ; et quand l'écho répète sa voix, il croit les avoir entendus.

Quand un sommeil profond a calmé, durant quelques heures, l'agitation de ses pensées, il se réveille et les appelle encore.... Un songe bienfesant l'avait ramené dans sa famille inquiète ; il avait vu les douces pleurs de sa sœur bien-aimée, et il lui semble que leur trace humide mouille encore son sein.

Il pleure aussi, mais ses pleurs tombent dans la poussière. — Il est seul !

Bientôt, je le vois couché sur un sable aride, immobile d'accablement et de douleur, et souffrant les longues angoisses de la mort. La maladie a creusé ses joues ; ses yeux sont sanglans ; sa poitrine est soulevée par une respiration pénible ; ses lèvres, desséchées par une soif ardente, exhalent une haleine enflammée ; et, quand il sent que tous les ressorts de son existence vont être rompus, il promène autour de lui un coup-d'œil sinistre qui regrette de ne pas trouver un ami.

Un ami lui aurait préparé un lit de mousse ; un ami aurait exprimé dans sa coupe le suc des plantes salutaires ; un ami aurait jeté sur lui son vêtement pour le garantir des feux du soleil et de la fraîcheur de la rosée ; les soins d'un ami embellissent la mort ; mais, il est seul.

Le mouvement de son cœur se précipite, s'interrompt, s'arrête...... son sang brûle, et puis se glace, et reste suspendu dans ses veines ; sa paupière tremble et se ferme ; il dit : J'ai soif ! et il expire, sans que personne lui ait répondu !

CHAPITRE VI.

Encore un Ami.

QUAND le soleil se leva, j'étais assis devant la chaumière, sur une pierre qui servait de banc.

La vue n'était pas étendue; ce n'était qu'à travers la cîme des arbres et entre les pics des rochers, qu'on pouvait distinguer au loin les belles plaines de l'Alsace, dont les limites indéfinies se confondaient avec la vapeur des nuages de l'orient. Les autres points de l'horison étaient occupés, soit par des grouppes confus de pins et de mélèzes; soit par des rochers que le temps détache du sommet des montagnes, et qu'il entasse au hasard.

L'œil de l'homme contemple avec un effroi religieux ces grands débris de la création, et l'if qui étend sur eux ses branches horisontales, les couronne avec majesté. Les ruines de l'art sont imposantes ; celles de la nature sont sublimes.

C'est qu'il n'y a rien de plus légitime que le culte du malheur, rien de plus auguste qu'une glorieuse infortune, et qu'il n'est point de sentiment plus inné que cette vénération profonde qu'inspire l'idée de la grandeur, alliée à l'idée de la destruction.

Je ne sais.... mais je ne voudrais point pour ami de celui qui verrait sans émotion un vieux chêne brisé par la foudre, et qui donnerait sans respect l'aumône à Bélisaire.

Au reste, mon paysage n'aurait, peut-être, pas fourni une Idille à Gessner, et un tableau à Claude Lorrain; mais il avait ce charme solennel, inspirateur et consolant, qui endort la douleur, et qui aggrandit les forces de la pensée.

Je reconnus que j'avais une ame. Lovely vint me rejoindre, et je sentis, en lui donnant un baiser de frère, que nous n'en avions qu'une à nous deux.

Je n'avais fait qu'entrevoir, la veille, l'intérieur de la chaumière; j'y rentrai avec lui; elle était simple, mais l'amour maternel y souriait à l'amour filial; elle était habitée par la vertu; elle était ouverte pour l'hospitalité, et je la pris pour un temple.

Mes yeux s'arrêtèrent sur quelques ouvrages qui composaient la bibliothèque de Lovely.

Le premier des livres, LA BIBLE, y avait le premier rang ; près d'elle, était placé le Messie de Klopstock ; c'était le poëme de la religion à côté de ses annales : plus bas, je distinguai Montaigne, qui est le philosophe du cœur humain, entre Shakespeare, qui en est le peintre, et Richardson, qui en est l'historien ; Rousseau, Sterne, et un petit nombre d'autres venaient ensuite.

Lovely me pressa doucement la main, me fixa d'un air mystérieux, tira de son rayon une boîte d'ébène, l'ouvrit avec précaution et en ôta un volume enveloppé dans un crêpe.

Encore un ami, dit-il en me le présentant: c'était Werther. Je l'avouerai, j'avais vingt ans, et je voyais Werther pour la première fois. Lovely remua la tête et soupira. Je lirai ton Werther, m'écriai-je !

Vois, dit-il, comme ces pages sont usées! Quand ma raison se fut égarée, et que je vins parcourir les montagnes, cet ami m'était resté; je le portais sur mon cœur; je le mouillais de mes larmes; j'attachais tour-à-tour sur lui mes yeux et mes lèvres brûlantes; je le lisais tout haut, et il peuplait ma solitude.

— Oui, Lovely, je lirai ton Werther. — Nous le relirons ensemble, me dit Lovely. Nous l'avons relu souvent.

Un jour, je sortis seul avec Werther, et je m'enfonçai dans le bois.

CHAPITRE VII.

Elle.

POURQUOI ce livre ne peut-il plus me suffire, dis-je, en le refermant avec douleur?

Pourquoi mes plaisirs ont-ils perdu leur charme? pourquoi n'aimé-je plus ni le bruit du ruisseau, ni le coucher du soleil, ni les innocens souvenirs de mon enfance? Depuis que j'ai ouvert ce livre fatal, il me semble que je suis vêtu de la robe de Creüse, et que je ne respire qu'un air brûlant.

Je ne suis plus heureux!

Je m'assis sur la lisière du bois, et j'interrogeai mon cœur; j'avais besoin d'aimer; cette idée m'étonna comme une lumière inattendue, mais elle me soulageait d'une longue oppression, et je respirai avec plus de liberté : bientôt, j'anticipai l'avenir, et je le trouvai entouré de tous les prestiges du bonheur ; cette illusion enchanteresse s'étendit peu-à-peu sur le présent ; elle donna un aspect nouveau à ce qui m'environnait ; le jour me parut plus pur ; la campagne plus riante ; le feuillage plus doucement ému : mon ame s'ouvrait à l'amour, et c'est naître encore une fois.

Chaque minute me révélait d'autres sensations, m'apprenait d'autres plaisirs ; mon imagination rapide s'égarait dans ses brillantes espérances, et me berçait de mille heureuses chimères. Déjà, ce n'était plus un rêve....

Je voyais la femme adorée qui allait doubler mon existence.... Je la peignais des plus vives couleurs.... Je me plaisais à réunir en elle tous les attraits de la jeunesse et de la beauté, ornés par l'expression de la vertu ; ses yeux respiraient la candeur et sa bouche la volupté ; toutes ses actions respiraient la grâce.... Une pudeur naïve colorait son teint d'un chaste incarnat ; c'était le chef-d'œuvre de la nature, animé par un souffle de l'amour.

Je m'approchai, et je pus saisir jusqu'au désordre piquant de sa chevelure, jusqu'aux mouvemens de son cœur qui soulevait en palpitant la gaze dont il était comprimé....

Elle lisait ; je fis encore quelques pas, et j'entendis le frémissement de la page qui glissait sous ses doigts, le soupir que lui arrachait une phrase touchante.... Je vis une larme qui tombait le long de sa joue, et je me serais jeté à ses genoux, si je n'avais pas craint d'imiter Pygmalion en adorant mon ouvrage....

Non! ce n'était plus un rêve.... Je l'ai vue; et, dussai-je vivre plusieurs siècles, ce moment me serait toujours présent.... Je la verrais toujours là, comme je la vis la première fois, quand elle souleva sur moi sa paupière, et que mes yeux fixés trouvèrent son premier regard.... Et maintenant, que j'ai été brisé par tant de revers; maintenant, que je nourris de si pénibles regrets, et qu'un nuage funèbre obscurcit mes souvenirs, je crois toujours la voir comme je la vis ce jour-là....

C'est-là qu'elle était assise, au bas de ce petit champ, sur le revers du côteau, près de ce buisson d'Eglantier. Quand elle me vit, elle laissa tomber son livre sur ces Genêts; la vieille Brigitte était debout derrière elle; je m'approchai avec émotion.... STELLA sourit pour me rassuret, et je fus plus troublé qu'auparavant. Brigitte se pencha vers STELLA, s'appuya sur sa bêche, et dit tout bas: Proscrit, peut-être. — Oui, proscrit!

Si tous les êtres vivans, qui habitent l'espace, s'étaient accordés dans ce moment pour me saluer roi, ils auraient moins flatté mon orgueil que cette femme en me saluant proscrit.

CHAPITRE VIII.

La Chaumière de STELLA.

OUI, répondis-je, proscrit....

Mais, ajoutai-je, c'est ici qu'est le bonheur!

Avec un cœur pur, et des souvenirs qui ne reprochent rien, le bonheur est par-tout, dit STELLA. — Je le pense aussi ; ce n'était point cela, cependant, que j'avais voulu dire, et elle s'en aperçut. Elle ne m'invita point à m'asseoir auprès d'elle, mais elle fit un léger mouvement de côté pour m'y donner une place ; je m'assis ; je la touchai, et un frémissement voluptueux parcourut tout mon être ; le vide de mon cœur était rempli.

Quoique nous ne nous fussions jamais vus, nous avions beaucoup de choses à nous dire, et nous nous taisions pourtant..... mais ce silence d'un moment nous en apprit plus à tous deux, qu'une longue conversation. STELLA était émue, embarrassée, attendrie, peut-être.... elle cherchait une diversion, et sa main ramena son livre sur ses genoux; il s'ouvrit à l'endroit où Werther voit Charlotte pour la première fois, car c'était aussi Werther; j'attachai ma vue sur cette page prophétique, et je la reportai sur STELLA. STELLA soupira. — Mon regard avait été expressif; le soupir de STELLA fut éloquent.

Encore Werther, dis-je en lui présentant le livre de Lovely. — L'ami des malheureux, dit STELLA.... — Vous avez donc aimé, repris-je vivement ? et cette question était si irréfléchie que j'en rougis. STELLA ne répondit pas ; elle détacha de l'églantier une rose sauvage et l'effeuilla. Quand elle ramena sur moi ses yeux, elle vit sans doute, au trouble qui m'agitait, que j'avais deviné sa funeste allégorie, et elle serra ma main avec tendresse, car les malheureux aiment qu'on les devine. Je recueillis les feuilles de rose, et je les déposai sur mon cœur ; il y a long-temps qu'elles sont flétries, mais elles sont encore là avec un de ses gands, sa romance et son ruban verd.

Quand le soleil se coucha derrière la montagne, Brigitte avertit STELLA qu'il était temps de retourner à la chaumière : j'aurais donné un empire pour accompagner STELLA, mais j'aurais mieux aimé perdre mille fois la vie que lui déplaire ; je la consultai par un regard discret, et elle sembla me répondre : Pourquoi pas ? — C'est que la défiance est étrangère aux bons cœurs.

J'ai peu goûté les faveurs de l'amour.... Je sais qu'il en est de brûlantes qui suspendent toutes les facultés, qui ènivrent tous les sens, qui jettent l'ame dans une extase délicieuse, et qui font briller sur notre vie une lueur d'apothéose.... Mais, je doute que l'amour ait rien de plus doux que ces plaisirs délicats et purs qui sont encore le désir, et qui sont déjà le bonheur. La jouissance a quelque chose d'amer et de douloureux ; plus elle est parfaite et plus elle est accablante ; quand on la goûte, on n'a pas la force de la saisir, et dès qu'on peut la saisir elle s'évanouit ; c'est une flamme qui dévore et qui s'éteint. Oh ! je regrette bien plus l'instant où STELLA gravissait avec moi le sentier difficile de la chaumière ! elle était appuyée sur mon bras qui pressait le sien ; son haleine effleurait ma joue ; je respirais sa vie, et nos ames se confondaient dans une étroite union de pensées. J'étais si heureux !

La chaumière était environnée de chêvrefeuilles et de cytises en fleurs qui la dérobaient à la vue ; l'intérieur était simplement orné, mais cet ameublement modeste n'était pas sans élégance; il y avait même du luxe dans la chaumière de STELLA; le luxe de l'infortune qui s'entoure des arts consolateurs. J'y remarquai une harpe, des livres, de la musique et quelques dessins qui représentaient les plus beaux sites de la montagne. — Je m'en était douté. — Proscrite aussi, dis-je tout bas. — Elle m'interrompit en imposant sa main sur ma bouche, et j'y imprimai un baiser de feu.

Il était tard; je demandai la permission de revenir. — Souvent, dit STELLA. —Tous les jours, répondis-je. — Bientôt, reprit-elle. — Oh! demain... et la nuit me parut si longue!

Je partis, et ses yeux me suivirent jusqu'à ce que je rentrasse dans le bois.

CHAPITRE IX.

Le Retour.

C'ÉTAIT une nuit poétique.........

Le sapin agité par le vent, l'onde qui murmure, la colombe qui gémit, tout y parlait de STELLA.

Quand je fus arrivé à la chaumière, j'ouvris ma fenêtre; je prononçai doucement son nom, et je crus que toute la nature l'avait entendu!

CHAPITRE X.

Entrevue.

MAIS, si elle en aimait un autre! Non, ce fatal soupçon ne flétrira point mon bonheur! je repousserai ces images dont la cruelle illusion ternit le charme de mes jours. STELLA n'a point encore aimé.

J'arrivai près de l'églantier. Je cueillis machinalement une rose, et je l'effeuillai sans dessein. J'en cueillis une autre, puis une troisième, et je dépouillai tout l'arbrisseau. Je me rappelais cette réponse muette de STELLA. Je cherchais à me reporter au moment où elle l'avait faite, et j'étudiais de loin son ame, pour expliquer l'emblême mystérieux qui m'avait paru si simple la veille. Il est probable, dis-je, en repoussant avec dépit les roses que j'avais jonchées sous mes pieds, il est probable que je l'avais mal devinée.

Depuis l'instant où je l'avais quittée, jusqu'à celui-là, je n'avais été occupé que d'elle, je n'avais formé d'autre désir que celui de la revoir; et quand j'aperçus la chaumière, je fus frappé d'une crainte involontaire et d'un tressaillement de terreur. Je restai immobile d'effroi, comme si j'eusse lu à la porte de cette demeure paisible, habitée par une créature angélique, l'inscription de l'Enfer du Dante.

Quelle est donc la nature de ce vague pressentiment qui fait apparaître autour de nous les malheurs de l'avenir et qui prévoit les arrêts de la destinée, pour nous poursuivre d'une peine absente ?

STELLA était assise et dessinait. Je m'avançai sur la pointe du pied, et je m'arrêtai derrière elle. Elle se retourna, et me salua d'un sourire. Mon trouble était un peu calmé, ou, plutôt, il avait fait place à un trouble plus doux ; mais le sourire de STELLA m'anéantit.

Il y a dans l'amour une crise turbulente et fièvreuse qui ébranle fortement toute l'organisation morale, et qui absorbe toutes les impressions ordinaires. Les idées incertaines et confuses ne laissent plus de traces dans la mémoire, le corps s'affaisse, les yeux se voilent, le sang tourne et se précipite, en bouillonnant vers le cœur....

Vous n'êtes pas tranquille, me dit STELLA?

Je saisis sa main, et l'étincelle électrique n'est pas plus prompte que la commotion simultanée qui confondit toutes nos sensations.

Je fis quelques pas dans la chambre, et je vins m'asseoir à ses côtés.

Elle avait les yeux fixés sur son dessin : j'y fixai les miens, car je n'osais plus les tourner sur elle, et je trouvai quelque douceur à voir ce qu'elle voyait; il me semblait que ses regards y laissaient une empreinte particulière qui parlait à ma pensée, un caractère secret que je savais lire.

Quel fut mon étonnement, quand je reconnus dans ce dessin l'esquisse de notre première entrevue, au bas du petit champ de Brigitte?

— Quoi! dis-je, STELLA daignait s'occuper.....

— Le point de vue est agréable, dit-elle en rougissant.

— Et l'imitation ravissante!

— Je vous la destinais, répondit-elle.

J'écrivis au-dessous : *Monument* .... et la plume s'échappa de mes doigts.

Monument d'amitié, dit STELLA, et elle écrivit. Si elle n'avait pas donné le change à mes transports, j'allais tomber à ses pieds.

Elle s'approcha de sa harpe; elle en tira des sons touchans qui appaisèrent le tumulte de mes passions, et qui firent succéder à cette frénésie pénible une émotion profonde. Jamais je n'ai entendu de la musique sans me croire meilleur. . . J'essayai d'envisager STELLA, et le sentiment qu'elle m'inspira fut pur comme elle. L'expression céleste qui animait sa figure, et qui était répandue sur toute sa personne, aurait contraint au respect, par l'ascendant de la vertu, les cœurs les plus dégradés. Je sentis que j'étais tranquille, et quand elle eut quitté sa harpe, j'écoutais encore.

L'attendrissement dispose à la confiance, et une minute d'abandon franchit toutes les convenances de la société. Je lui parlai de mes parens, de ma sœur, de Lovely ; nous pleurâmes ensemble, et nous apprîmes que nous ne pouvions plus nous passer l'un de l'autre.

On s'aime vîte quand on n'est que deux dans le monde, et qu'on a besoin d'aimer.

Lorsque l'ardeur du soleil fut un peu tempérée par l'approche du soir, nous sortîmes de la chaumière, et nous nous promenâmes dans les environs.

Il y a dans la montagne une grande fleur, qui ne croît guère que dans les endroits escarpés et parmi les sables; c'est l'Ancolie, dont la coupe bleue, suspendue à une tige frêle et élancée, retombe tout-à-coup vers la terre, comme si elle était fatiguée de son poids; et cette plante est l'emblême d'une vie qui a cessé d'être heureuse : STELLA aimait cette triste fleur, et elle me la fit remarquer qui se penchait sur le roc.

Je gravis jusqu'à elle, et je la cueillis ; mais, à mon retour, comme les pierres mal assurées cédaient sous mes pas, je me retins à des ronces qui me blessèrent légèrement, et une goutte de mon sang tomba sur l'azur de l'Ancolie : je voulais la rejeter.

STELLA s'en empara vivement, et l'attacha à son sein.

CHAPITRE XI.

Le pauvre Lovely !

UN jour j'étais sorti de bonne heure, et je marchais au hasard dans le bois. Lovely m'aperçut et vint à moi ; mais j'étais trop à STELLA pour rien voir. Il saisit ma main : Tu souffres, dit-il. — Je portai la sienne sur mon sein. — Tu aimes, ajouta Lovely : et il me considéra avec une pitié inquiète : cette idée avait irrité les fibres les plus délicates de son cœur.

Tu aimes ! oh ! malheur à toi, malheur à tout ce qui aime dans la nature !

Son cœur était brisé ; le son de sa voix avait quelque chose de douloureux, et quand l'écho répéta cette imprécation, comme un gémissement lugubre, un frisson d'épouvante glaça mon sang.

— Oui, malheur à tout ce qui aime! connais-tu cette passion funeste qui brûle, qui dévore, qui use toutes les facultés et qui fait mal partout? as-tu déjà posé tes lèvres sur cette coupe d'amertume?

As-tu entrevu les écueils où ta vie ira se briser?

Comme toi, quand le premier éclair du plaisir vint échauffer mes sens, je souris à l'avenir, et je m'endormis dans le bonheur; mais c'était un rêve d'enfant, car il n'est point d'amour heureux sur la terre.

Vois plutôt comme il est traversé par tous les événemens, comme il est froissé par tous les orages ! comme il semble frappé par le destin d'un éternel anathême !

Vois comme tout est conjuré pour empoisonner sa pureté, pour souiller son éclat et pour changer ses douceurs en angoisses !

T'es-tu jamais représenté ta bien-aimée, couchée sur un lit de mort, luttant contre la douleur qui la poursuit, contre le trépas qui la presse, cherchant à ressaisir l'existence qui lui échappe, soulevant vers toi une main qui ne te trouvera plus, tournant sur toi un regard qui ne pourra plus te voir, et exhalant un soupir qui ne sera plus suivi d'un soupir ?

Arrête, Lovely, m'écriai-je, tu me déchires !

— Oh ! si tu avais connu les fureurs de la jalousie, si tu avais gémi sur l'amour trompé, et que tu pusses comparer à ces tourmens celui qu'on éprouve en pleurant sur la cendre d'une amante, je crois que ce tableau qui te fait pâlir te paraîtrait aussi doux qu'une matinée de printemps.

Mais, être séparé de la moitié de son ame par la plus noire des perfidies, interroger un cœur qui ne se souvient plus de ce qu'il a senti renfermer ses larmes dans son sein, tandis que celui de l'infidelle frémit de volupté sous les lèvres d'un nouvel amant, languir abandonné quand elle existe pour un autre, être seul, quand elle est deux ! voilà le comble de l'infortune !.... Et, réfléchis un moment ! qui sait si maintenant elle n'a pas déjà accueilli un rival ?... Qui sait si elle ne le couronne pas des fleurs que tu tressais hier pour elle, et si elle ne palpite pas dans ses bras, d'une tendresse parjure ?

Lovely, dis-je en le repoussant, laisse-moi ! tu m'as blessé....

Tu ne m'aimes plus, dit Lovely !...

— Non, je ne t'aime plus, ... — et je me maudis pour cette imposture ; mais Lovely était déjà loin.

Ce tort pèse cruellement sur mon cœur ! il souffrait et je l'ai maltraité... Sa raison était altérée, et j'ai aigri son mal ; depuis deux jours il errait dans la montagne.... Il avait oublié son asile, et je ne lui ai pas tendu la main d'un ami.... J'ai insulté à ses chagrins, et je l'ai repoussé avec dureté..... Qu'il est affreux d'être coupable envers ceux que l'on aime, et combien ce souvenir oppresse !

Il m'a pardonné depuis, mais je ne me pardonnerai jamais. Lovely, cette larme est encore une larme de repentir !

Il fut long-temps absent ; tous les soirs, je l'appelais, il ne répondait pas ; je rentrais seul, et je cachais mon trouble à sa mère.

CHAPITRE XII.

La Prière du soir.

C'ÉTAIT pendant une belle soirée du commencement de septembre ; trois mois s'étaient écoulés depuis le jour où je vis STELLA pour la première fois, au bas du petit champ de Brigitte. Je m'arrêtai où je l'avais vue ; je m'assis où elle avait été assise ; je me rappelai les premières paroles qu'elle m'avait adressées ; je les répétai tout haut ; j'aperçus l'églantier, je détournai les yeux, je me levai, et j'allai à la chaumière. Il fesait nuit ; cependant il n'y avait personne, et jamais il ne m'était arrivé de trouver la chaumière déserte, à moins que Brigitte et STELLA ne fussent dans le petit champ. J'étais bien sûr qu'elles n'y étaient point, mais j'y retournai, et je fus affligé, comme si je m'étais attendu à la voir.

Il n'était point de danger que mon imagination ne prévît, n'exagerât. Tantôt je craignais que ses persécuteurs n'eussent découvert sa retraite, et cette idée ranimait ma haine pour eux. Tantôt je tremblais qu'elle n'eût été attaquée par un animal féroce ou surprise par un brigand; il y en avait peu, mais si STELLA en avait rencontrés!

Je marchais, préoccupé par mille craintes, quand je distinguai à quelques pas de moi une lumière dans le feuillage; je m'avançai et j'entendis un léger mouvement. J'avais entendu bien des fois un bruit pareil à celui-là, mais ce bruit n'avait jamais retenti comme cela dans mon cœur ; c'était le frémissement de la robe de STELLA.

La lampe était suspendue à un if ; elle jetait sur STELLA une clarté mourante, qui l'entourait d'une pâle auréole, descendait le long de sa robe en reflets tremblans, et s'éteignait derrière elle.

STELLA était à genoux, immobile, le front prosterné, les mains jointes, dans l'attitude de la résignation et de la prière ; quelquefois, seulement, elle adressait au ciel un regard, un soupir et une larme.

Brigitte était à ses côtés, l'œil fixé sur son rosaire d'ébène, et un rayon de la lampe éclairait ses cheveux blancs.

STELLA m'entendit; elle se tourna vers moi, et me fit un signe de la main pour m'inviter au silence : j'étais à genoux.

Il y avait long-temps que je n'avais prié, et je sentis que cela me soulageait; cette douce communication avec Dieu pénétrait mes sens, élevait mon ame, purifiait mes pensées, et appliquait à mes douleurs un baume consolant.

Je suis loin de professer cette dévotion exclusive et mal entendue qui repousse l'homme trompé, et qui condamne l'erreur comme le crime. Je sens que je pourrais voir un athée sans horreur.... mais je ne le verrais pas sans pitié ; il est assez à plaindre, le malheureux ! il ne connaît pas le charme de la prière !

Dieu nous a entendus, dis-je à STELLA quand la prière du soir fut achevée ; ce n'était pas un spectacle indigne de lui que cet hommage consacré par la double solennité du malheur et de la nuit, et offert par deux proscrits à une religion proscrite ; il nous a entendus et sa bénédiction est tombée sur nous....

STELLA me montra du doigt une fosse couverte de mousse.

Elle aussi, dit STELLA, elle nous a entendus, et sa bénédiction est tombée sur nous.

La lumière devint plus vive et s'éteignit tout-à-fait.

Nous revinmes à la chaumière sans articuler un seul mot. Quand nous fûmes arrivés, STELLA s'assit et me fixa; elle avait conservé quelque chose de la divinité avec qui elle venait de s'entretenir; je baissai les yeux et je l'écoutai avec respect.

Mon ami, dit STELLA, je n'ai pas toujours été seule dans ces montagnes, j'ai eu une mère.

Elle allait pleurer; elle regarda le ciel.

Elle m'avait accompagné dans ce triste exil, continua STELLA, et nous nous tenions lieu du monde; elle est morte. Il y a un an que nous lui creusâmes cette fosse et que je restai seule.

Seule, m'écriai-je d'un ton de voix

passionné ! — Et Brigitte, repris-je en rougissant !

Oui, l'amitié, dit STELLA ! l'amitié est douce ; mais qui me rendra les baisers d'une mère ? elle est morte.

STELLA, n'en doutez pas ! elle vit... elle vous voit ; elle veille encore sur STELLA, sur la chaumière ; elle recueille les pleurs de l'amour filial, et contemple avec orgueil les regrets qu'elle a laissés. Quand le temps aura usé les ressorts de ta vie, ô STELLA ! son ame descendra sur ta couche funèbre, s'unira à ton ame, et l'escortera au pied du trône de Dieu. STELLA, n'en doutes pas, tu reverras ta mère !

Et ma pensée se repose fièrement sur cette sublime espérance d'une meilleure vie. Dis ce que tu voudras, farouche matérialiste, tu ne me raviras pas mon immortalité; ma conviction est plus forte que tes sophismes. Je vivrai!

Quel mortel se sentirait capable de supporter les dédains des grands, les humiliations de la misère, et les tourmens de l'amour outragé, s'il ne pouvait se réfugier dans son ame sans y trouver le néant? De quel œil suivrait-il le cercueil d'un ami, s'il croyait le descendre tout entier dans la tombe? Accablé des succès du crime, navré de persécutions et veuf de toutes les illusions du monde, que lui resterait-il si ce n'était ce besoin profond d'exister au-delà de lui-même, et d'assister à l'éternité; ce sentiment qui le soutient, qui l'agrandit, et qui le console du passé en s'emparant de l'avenir ?

Pourquoi STELLA n'avait-elle pas déposé plutôt ce secret dans mon cœur ?

Vous avez encore une mère, dit STELLA, et les secrets de la douleur importunent les heureux.

Heureux ! et STELLA ne l'était pas !

CHAPITRE XIII.

L'esplanade.

QUELQUE temps après, STELLA revenait avec moi du petit champ de Brigitte, et nous nous arrêtâmes sur une esplanade de verdure, d'où la vue se perdait dans un beau vallon.

Le soleil se couchait, et son char de feu traçait déjà une bande pourprée à l'occident; ses rayons, en s'élevant à la pointe des rochers, les peignaient d'un couleur brillante, qu'ils réfléchissaient sur la campagne, et qui nuançait tous les objets de l'incarnat des roses.

Je fixai tendrement STELLA; son ame s'était associée au vaste concert d'amour qui saluait le crépuscule; et je ne sus si c'était cè tableau ravissant qui l'embellissait encore à mes yeux, ou si c'était elle qui embellissait ainsi la nature.

J'étendis mon bras autour d'elle, et elle appuya sa tête sur mon sein; une douce langueur fermait ses paupières; une douce chaleur animait son teint; son cœur battait.... Je brûlais, j'avais la fièvre; mes lèvres étaient desséchées comme par une soif ardente; je les unis à ses lèvres, et je chancelai, je frémis, je ne vis plus....

Nous descendîmes de l'esplanade, et STELLA ne me regardait point, ne me parlait point; j'étais si ému que je ne m'aperçus pas que nous avions quitté le chemin de la chaumière.

Nous arrivâmes au bosquet de la prière : le soleil était couché ; la lampe était suspendue à l'if, et nous tombâmes à genoux.

Le lendemain, nous passâmes près de l'esplanade, STELLA me sourit et prit un chemin détourné.

CHAPITRE XIV.

La Guirlande.

JE marchais auprès d'elle ; j'aperçus des touffes d'ancolies sur le rocher, je les cueillis et je les lui apportai ; elle les tressa en guirlande, les ceignit en couronne autour de ses cheveux blonds, et les laissa retomber en festons sur ses épaules, à la manière dont on pare les victimes. Cet ornement funèbre lui rappela ses amis sacrifiés, et elle sema des fleurs sur son chemin, comme un hommage expiatoire aux mânes des innocens.

Oui, STELLA, m'écriai-je! ils ont épouvanté la patrie de leur audace et de leurs forfaits ; ils ont dévasté les temples, ils ont tué la paix, ils ont proscrit la vertu; ils ont égorgé la fille dans les bras de son père, l'époux, sur le sein de son épouse bien aimée; ils ont fait de notre terre natale le patrimoine des boureaux, et ils l'ont fertilisée avec les cadavres de nos parens....; ils t'ont bannie, ô STELLA! et je pourrais jamais sceller un baiser de pardon sur leurs lèvres ensanglantées! jamais! VENGEANCE ET MALÉDICTION SUR LES TYRANS!

Quand la justice n'est plus qu'un mot, la vengeance devient un droit; et dès que les lois contemplent, dans un lâche silence, la fière impunité du crime, il faut que le poignard de l'opprimé lui tienne lieu de juge et d'ami!

Je l'ai dit; car il y a des instans où je voudrais être armé du glaive de l'exterminateur, pour renverser autour de moi tout ce qui a froissé ma liberté, et gêné mes affections; mais c'est un égarement qui outrage la nature, et qui dégrade l'humanité.

Que la clémence de Dieu descende sur eux, dit STELLA. — Et je le répétai avec elle.

Une grande expression de piété brillait dans son regard; on l'aurait prise alors pour un ange bienfaiteur, qui appelait sur les hommes l'indulgence du Très-Haut; et elle tenait la place de cet anneau invisible qui unit le ciel et la terre, l'auteur et la créature.

Je fléchis un genou pour l'adorer;

mais ses yeux voilés d'un nuage d'amour, rencontrèrent les miens; et j'oubliai la prière qui errait déjà sur ma bouche.

STELLA n'était plus qu'une mortelle.

CHAPITRE XV.

La Faute.

LE ciel se préparait à l'orage.

Un vent brûlant roulait dans les airs des tourbillons de sable, et courbait la cîme des forêts qui cédait en gémissant; des nuages épais voilaient le soleil; de vastes ténèbres s'amoncelaient sur l'horison, et le ramier des bois jetait de temps à autre un cri douloureux.

Je pense que si l'amour n'existait pas, ce désordre des élémens en ferait sentir le besoin.

Quand nous fûmes arrivés à la chaumière, je m'assis tout près de STELLA, et STELLA s'approcha davantage. J'étais au comble du bonheur, et je voulais encore quelque chose. Il y avait une tempête dans mon sein, comme dans la nature.

Je cherchais tous ses regards; j'épiais tous ses mouvemens. Si j'avais trouvé dans ses yeux une pensée qui ne fût pas pour moi, j'en aurais été jaloux.

Un éclair descendit sur la chaumière. Il me sembla qu'il établissait entre nous une communication plus parfaite : je la ceignis de mes deux bras, et déjà les siens me pressaient malgré elle.

La foudre gronda! elle pouvait me frapper dans cette minute d'extase, et les heureux de la terre auraient envié mon tombeau.

Cependant, un désir confus parcourait mes veines, et mon sang refluait vers le cœur. Je soulevai STELLA en la serrant étroitement contre moi, et ma bouche enflammée rencontra sa bouche....

D'abord, STELLA trembla... bientôt elle demeura privée de vie; toute son ame s'était réunie à la mienne, dans l'ivresse de ce baiser....

Je ne sais plus ce que j'éprouvai.... c'était un songe vague, mais délicieux, qui me dérobait jusqu'au sentiment de mon être . . . .

J'avais été coupable, puisque le bonheur peut être un crime.

CHAPITRE XVI.

La Bague d'alliance.

MA main était fixée dans la main de STELLA, qui la repoussait faiblement.

En dégageant mes doigts entrelacés, je fis tomber un anneau qui vint se diviser à mes pieds.

Malheureux ! s'écria-t-elle avec l'accent du désespoir, je suis mariée...

Mariée !

Si le monde s'était abymé sous son propre poids, et que je fusse demeuré debout au milieu de ses décombres, toutes mes facultés auraient été froissées d'une manière moins pénible.

J'essayai de rejeter cette idée, mais elle avait atteint le fond de mon cœur.

CHAPITRE XVII.

Sophismes.

JE descendais rapidement le chemin de la chaumière : Brigitte passa près de moi.

Dieu ait pitié de nous! dit-elle; j'ai cru que cet orage renverserait la montagne de ses fondemens. Je m'étais assise là haut, sous ce rocher qui se recourbe comme une voûte, et je voyais tout le ciel en feu. Par trois fois une longue flamme s'est élancée du clocher de Sainte-Marie, et l'oiseau de la mort gémissait dans les sapins. Dieu ait pitié de ceux qui ont une bonne conscience!

— Je frissonnai.

Mais voyez, monsieur, dit Brigitte, l'orage recommence; vous seriez mieux à la chaumière.

Mieux, Brigitte!... Oh! non.

L'orage recommençait en effet: une lumière subite brillait quelquefois sur le précipice; un aquilon impétueux sifflait dans les bruyères, et fesait flotter mes cheveux; une pluie froide ruisselait sur mon visage et traversait mes vêtemens; mais cela me fesait du bien. Mon imagination se reposait de ses tempêtes dans celles de la montagne, et mon trouble s'adoucissait à être ainsi partagé par la nature.

Eh bien! dis-je tout-à-coup, mariée! que signifie ce mot, et qu'a-t-il de magique pour me forcer à la terreur ? ce vain bruit affecte-t-il autrement mon oreille que les autres modifications de la voix ?

Et, au surplus, qu'est-ce que le mariage lui-même, sinon une institution fondée par le caprice des hommes, sanctifiée par le préjugé, et maintenue par l'habitude ? De quel droit ce lien despotique asservirait-il l'avenir au présent ? Quel est la nature de ce serment bizarre qui soumet à la volonté d'un jour toutes les inclinations de la vie ? Et quel être assez audacieux a pu dire dans la vérité de son cœur : — Maintenant je jure de ne plus aimer.

Mais il ne leur a pas suffi de les enchaîner l'un à l'autre pour l'éternité, et de leur faire un long supplice de cette union qui serait le bonheur, si elle n'était formée que par l'amour, si elle n'était contrainte que par le sentiment !.... Le plus souvent ils les ont unis sans interroger leurs cœurs, sans consulter leurs rapports ; ils ont immolé la paix de toute une génération à de frivoles intérêts, à des convenances froidement calculées ; ils ont vendu, au prix de l'or, des faveurs qui se flétrissent dès qu'on parvient à les payer ; et la vierge modeste qui inspirait autour d'elle la tendresse et le désir, a été obligée de partager sa couche nuptiale avec la hideuse décrépitude, comme une rose naissante qu'on a transplantée sur un tombeau.

Ce n'était point là l'intention de la Providence ; elle voulait, dans ses desseins protecteurs, que tout ce qui respire fût heureux ; elle avait assorti tous les caractères avec un soin bienfesant ; elle avait préparé de secrètes sympathies qui étaient le signal et le garant de l'amour.

Suis-je coupable de ce que les passions des hommes ont violé la loi de la nature et détruit l'ouvrage de Dieu ?

Et si je me suis conservé pur au milieu de la corruption, si j'ai gardé une ame neuve parmi les désordres de la société, n'ai-je pas le droit de m'affranchir du joug qu'elle a inventé pour le vice ?

Mon ame se souleva contre ce paradoxe et se replia sur elle-même avec effroi.

Le tonnère tomba.

CHAPITRE XVIII.

Le dernier adieu.

DÈS que l'aube du jour éclaira l'intérieur de la chaumière, je me disposai à retourner chez STELLA. Je désirais, je craignais de la voir, et ce mot mystérieux me poursuivait avec l'acharnement d'un ennemi.

J'arrivai au petit champ; je reconnus l'églantier, il avait souffert de l'orage, et ses rameaux dépouillés étaient penchés sur la terre.

Le feu du ciel avait passé dans les genêts.

J'entrai dans la chambre de STELLA; elle était couchée sur des sangles, couvertes d'une natte de jonc; son corps était enveloppé d'un linceuil de couleur obscure, qu'elle croisait sur sa poitrine, et sa chevelure était éparse autour d'elle; elle était pâle, mais quand je fus là, une fièvre ardente, qui s'éleva dans son sein, teignit peu-à-peu ses joues d'un pourpre foncé.

Je m'arrêtai à quelque distance, et je restai immobile en attendant qu'elle me parlât.

Je vous attendais, dit STELLA, avec un sourire amer; j'ai beaucoup de choses à vous dire.

Je m'assis.

Il arrive une heure où l'on peut se juger, reprit-elle, et cette heure est venue pour moi.

Heureuse si la justice divine ne me condamne pas comme mon cœur!

Je suis coupable depuis que je vous ai vu pour la première fois. Depuis que je vous ai vu pour la première fois, je vous ai aimé. L'arrêt de ma destinée était cruel ; il s'est appésanti de toute sa force sur ma tête. Croyez-vous que la femme adultère trouvera grâce devant Dieu ?

Elle resta quelque temps en silence, et continua :

Je suis née d'une famille noble, qui honora ses titres par ses vertus ; elle fut proscrite. J'avais perdu mon père dans mes premières années, et j'ai oublié sa mémoire ! Ma mère est morte ici, et j'ai souillé son lit de douleur ! Ils m'avaient donné un époux de mon choix, et je l'ai trahi.

Quand il s'arracha de mes bras pour

aller se ranger sous les drapeaux d'une cause malheureuse, STELLA, dit-il en me donnant le dernier baiser, STELLA, gardes-moi ton cœur : et je ne lui ai pas gardé mon cœur. Il errait transfuge, misérable et rebuté, dans des contrées inconnues; il errait accablé par la fatigue et par le besoin, souffrant de la soif et de la faim ; mais il pensait à moi; il se consolait dans mon amour, et mon amour l'a trompé!

Pourquoi vous ai-je caché ce fatal secret ? cent fois il s'est approché de mes lèvres, mon cœur s'est serré, et j'ai tremblé de vous voir deviner ce que j'aurais dû vous apprendre! Pourquoi vous ai-je rencontré ? je serais tranquille encore ; je pourrais songer à mon époux sans tressaillir de honte, et je pourrais, sans terreur, implorer l'ombre de ma mère ! J'ai tout perdu ; je n'ose plus m'occuper ni de ma mère, ni de mon époux !

Croyez-vous, répéta-t-elle d'un son de voix altéré, croyez-vous que la femme adultère trouvera grâce devant Dieu ?

Elle ouvrit la BIBLE, chercha la page de la femme adultère, y attacha ses regards, et la mouilla de larmes.

Je me plais à croire que l'ange scrutateur qui planait sur la chaumière, se laissa fléchir par son repentir, et qu'avec ces larmes il effaça le péché.

J'étais alors près d'elle ; elle prit ma main et l'éleva vers le ciel. Toi, dit-elle, tu n'as pas été coupable, tu ne me suivras pas dans la réprobation éternelle; c'est moi seule qui ai brisé ce nœud; c'est sur moi seule que doivent retomber toutes les vengeances, et je t'absous devant celui qui juge les actions des hommes, car ton cœur était sans tache....

Mais va-t-en, ajouta STELLA. Va-t-en pour toujours, c'est la dernière prière de STELLA, le dernier vœu de ton amante! Laisses-moi avec mes regrets, j'ai besoin de préparer mon ame à subir son jugement.

STELLA, m'écriai-je en me jetant à ses genoux, et je couvris sa main de pleurs.

Laisses-moi, dit-elle, tes pleurs me brûlent comme tes baisers. Va-t-en.

Et son pouls s'affaissa, sa respiration enflammée devint plus lente, le mouvement de son cœur resta suspendu.

Je me précipitai vers la porte ; je voulus la voir encore, et ses lèvres livides me balbutiaient un adieu.

CHAPITRE XIX.

La Cloche du village.

PENDANT ce temps-là je ne rentrai point dans la chaumière.

J'errais autour de sa demeure sans autre nourriture que les fruits sauvages de l'automne, sans autre lit que la terre humide, et je parcourais les campagnes désertes comme une ombre en peine, que les anges de la nuit ont exilée de son cercueil.

C'était la cinquième soirée ; je vins m'asseoir sous le rocher qui avait servi de retraite à Brigitte pendant l'orage.

En considérant ce dôme obscur et cette grotte inhabitée, en promenant mes yeux sur la solitude qui l'entourait, en cherchant inutilement dans ce grand espace quelqu'être qui respirât, je me persuadai que j'étais plongé dans le silence éternel; que Dieu m'avait relégué loin de sa vue, hors des bornes de la création, et que tout ce que je voyais n'était plus qu'une réminiscence incertaine de ce que j'avais vu.

Le jour finit; mes sens s'assoupirent, mais ma douleur veilla toujours.

Je rêvai que j'étais entouré d'images de mort, et que je marchais avec difficulté à travers des amas d'ossemens. Une torche funèbre, portée au-devant de moi par une puissance invisible, éclairait de sa flamme lugubre les horreurs de mon passage. Au bout de ce sentier mortuaire, j'aperçus STELLA vêtue de la robe diaphane des fantômes ; j'étendis mes bras vers elle, et je ne saisis qu'un nuage.

Alors, j'arrachai de mon sein un cri d'épouvante qui se prolongea dans les détours de la montagne, et je me relevai sur mon rocher.

Il était encore là, ce flambeau fatal, comme je l'avais vu dans mon sommeil ; il descendait lentement le revers de la colline, et mes regards avides ne cessèrent de le fixer, que quand sa lueur bleuâtre s'effaça dans les ténèbres.

Je cherchais à rassurer ma raison contre ce prestige effrayant, quand tout-à-coup la cloche de Sainte-Marie sonna. Ses vibrations étaient interrompues par un calme affreux qui en remplissait l'intervalle. Il y avait entre ce rêve, ce flambeau et cette déchirante harmonie, je ne sais quelle liaison d'idées qui resserra mon cœur.

Je m'étais avancé, sans but, dans les avenues pénibles de la grotte.... et cette clarté, ce souvenir.... j'étais au bosquet de la prière.... mon sang se figea.

CHAPITRE XX.

Une fosse de plus.

UNE fosse de plus.... une fosse nouvellement creusée ! meurtriers! qu'avez-vous fait de STELLA ?

Oui, répétez, répétez encore, Brigitte ? Ecrasez-moi de tout le fardeau de ma douleur. Oui, c'est moi qui suis la cause....

Et ma raison s'aliéna. — Je m'élançai dans les bois, je remplis l'air de mes cris, j'arrachai mes cheveux, je déchirai mes vêtemens, je me roulai sur la pointe aigue des rochers, et, brisé, meurtri, sanglant, couvert de poussière et de blessures, je m'évanouis.

CHAPITRE XXI.

Plus de bonheur.

CETTE nuit me parut longue comme l'éternité, car j'avais conservé la faculté de sentir pour l'exercer sur d'épouvantables chimères.

Le tableau de la mort de STELLA poursuivait mon imagination fatiguée. Je la voyais dans son drap funéraire, avancer un pied desséché sur la fosse, et tomber contre la terre qui retentissait de sa chute. Quelquefois il me semblait qu'un songe cruel nous avait trompés, et que STELLA n'était point morte. Je l'entendais frapper contre les ais de la bierre, et pousser une plainte étouffée. Je soulevais la pierre qui pesait sur elle. Je brisais sa hideuse prison, et je l'enveloppais de mes bras, pour réchauffer sur mon cœur, son cœur déjà froid. Alors, le souffle violent des orages nous enlevait, ainsi réunis, dans les airs; nous poussait, frissonnans, sur des mers glacées; nous tenait suspendus sur le cratère bouillonnant des volcans, au milieu d'une lave brûlante, et nous précipitait de tempête en tempête dans les profondeurs de l'abyme.

Quand je revins à moi, j'étais à côté de Lovely; il avait étanché mon sang, il avait lavé mon visage et exprimé une eau froide sur mes tempes et sur mon sein. C'était auprès de la fontaine où je l'avais rencontré en arrivant dans la montagne. Ce rapprochement fut terrible. Hélas! plus de repos, plus de bonheur, m'écriai-je! et je me levai en vomissant d'affreuses imprécations contre la destinée. Ensuite je dis mes malheurs à Lovely; il pleura, et je ne pus pas pleurer.

Ecoute, me dit Lovely, lorsque ce récit fut achevé, maintenant que tu as aussi l'expérience des grandes douleurs, je crois que nous nous conviendrons mieux, et mon amitié calmera tes peines. Un jour, quand ton cœur sera guéri, je te dirai les miennes, et, en voyant comme l'infortune peut se reproduire sous des formes différentes, tu avoueras qu'aucun homme n'a le droit de se dire le plus malheureux ! Tu te révoltes contre cette idée, continua Lovely, mais si tu savais !...

Eh ! dis-moi, Lovely, pourquoi ne mourrais-tu pas ?

Oh, oh ! dit Lovely, j'avais une mère ! je fus foudroyé. — Moi aussi, j'ai une mère ! Et puis, ajouta-t-il, je dois rendre grâce à la providence d'avoir disputé mes jours au désespoir ! si j'étais mort, qui t'eût consolé ?

Cela est vrai. A-t-on le droit de disposer de sa vie, tant qu'il reste des malheureux ?

J'ai souffert tout cela, et j'ai vécu.

CHAPITRE XXII.

Elle est immortelle.

MES peines furent long-temps à s'adoucir; long-temps je cherchai les déserts, la solitude et les scènes de la nuit, qui semblaient donner à ma douleur quelque chose de plus calme et de plus imposant. Chaque fois que la lune élevait dans le ciel son disque majestueux, et s'avançait sur l'horison dans sa beauté mélancolique, je parcourais, pensif, la cîme des montagnes, et quand je laissais tomber mes yeux vers l'endroit où j'avais rencontré STELLA, je redemandais STELLA à tout ce qui nous avait vu ensemble, et je gémissais.

Souvent je croyais distinguer dans les ombres des formes vagues et confuses qui erraient autour de moi, et j'interrogeais ces fantômes, vaines illusions des ténèbres, sur les problêmes de l'éternité.

Qu'est devenue STELLA? disais-je; est-elle égarée comme vous dans les nuages, ou dort-elle encore immobile dans la fosse qu'on lui a creusée? Le bruit des eaux du torrent trouble-t-il quelquefois son sommeil? est-elle sensible au froid de l'hiver? Quand de longs frimats sont suspendus aux branches des ifs, et que la pluie pénètre la terre qui l'enveloppe, dit-elle : J'ai froid! — Dites-moi, dites-moi sur-tout, si son ame s'est dépouillée dans sa nouvelle vie, de tous les souvenirs de sa vie passée, si elle pense toujours à moi, et si quand je prononce le nom de STELLA, ma plainte va jusqu'à son cœur ?

Non. STELLA n'entend plus les orages de la montagne; et le vent du nord qui gronde dans les sapins, respecte le silence de son tombeau !

STELLA dormira jusqu'à ce que les élémens se confondent, et que le temps finisse. Lorsque le jour sera venu, elle ira s'asseoir à côté de sa mère, au milieu des rayons d'une lumière immortelle, et elle respirera une éternité de délices dans une éternité de repos.

Lorsque le jour sera venu, et que STELLA s'approchera de son juge, il n'armera point son front d'éclairs menaçans; et puisque c'est une loi commune à tout ce qui respire, qu'aimer, c'est la vertu, qu'être aimé c'est le bonheur; Dieu ne rejettera point de son sein ceux qui ont beaucoup aimé. Qu'est-ce que la divinité elle-même, sinon ce besoin d'aimer qui remplit toute la création, et qui est la source du bien, le mobile de la nature et l'ame de l'univers? L'amour est la vertu de l'humanité : il n'y a de peines dans l'autre vie que pour ceux qui ont haï.

Dors en paix, ô ma STELLA ! ton immortalité sera douce. — Le poison des regrets ne se mêle point au nectar des bienheureux. Dors en paix, ma STELLA; tu étais née pour aimer, et tu as accomplis ton destin sur la terre.

Un jour je retournerai vers toi....

STELLA, un jour .... un jour !....

Quand l'ange du jugement dernier éveillera la poussière des hommes sur la poussière des mondes, je me lèverai sans terreur, car je n'ai pas cessé d'être pur ; et j'apparaîtrai avec confiance devant la justice de Dieu. Dans ce temps-là, je retournerai vers toi ; tu me souriras et nous nous réunirons à jamais. Alors, ô STELLA! rien ne pourra plus nous séparer ; ni la mort, ni les hommes, ni les tyrans, ni la nature : les temps de proscription seront effacés ; les innocens auront trouvé leur vengeur et leur récompense ; les oppresseurs auront subi leur châtiment ; le mal sera oublié, et la destruction elle-même ne sera plus.

Ainsi, mon ame accablée par tant de funestes perplexités, s'en délassait dans la paix de l'avenir.

CHAPITRE XXIII et dernier.

Conclusion.

UNE année s'écoula, et je pus revoir la chaumière.

Depuis quelque tems je l'habite avec Brigitte, Lovely et sa mère. Nous cultivons le petit champ, Lovely et moi; chaque soir, nous fesons la prière dans le bosquet des tombeaux, et j'y ai planté un cyprès qui commence à ombrager la fosse de STELLA.

Nous n'avons rien changé à l'ameublement de sa chambre; elle est comme elle était alors; STELLA y manque, cependant; mais, quelquefois, je pense encore l'y voir.

Et je crois que je la reverrai!

FIN DES PROSCRITS.

LETTRE

D'un curé des Vosges, à l'Editeur.

MONSIEUR, je me rappelle fort bien de vous avoir vu pendant une de vos excursions botaniques dans les Vosges, et de m'être entretenu avec vous du malheureux jeune homme qui vous intéresse si vivement; mais, quoique j'aie eu, dès-lors, des relations plus intimes avec lui qu'auparavant, je ne pourrai guère vous donner, sur son sort actuel, que des renseignemens incertains.

Quelque temps après votre départ, je fus appelé à la chaumière pour lui administrer les secours spirituels dans une maladie lente, dont il était atteint depuis la mort de son ami. Il me raconta ses douleurs et me soumit les mémoires qu'il vous avait lus, et dont vous avez désiré que je cherchasse à vous procurer les fragmens. Je vous avouerai que cette touchante expression d'une ame souffrante, qui y règne d'un bout à l'autre, me causa une émotion profonde ; et qu'en voyant ses larmes, je ne pus retenir les miennes. Cependant, j'avais remarqué souvent, dans cet écrit, des propositions très-hardies sur plusieurs points de religion et de morale, et des élans de désespoir qui semblaient partir d'un cœur accoutumé à se défier de la providence. Je lui observai que ces passages étaient indignes d'un honnête homme, et qu'ils étaient échappés à une imagination trop fortement affectée de ses chagrins. Il me répondit qu'il se repentait d'avoir écrit cela, et il brûla tout ce que j'avais plus spécialement condamné; après quoi il me donna le reste, en me disant qu'il avait eu d'abord le projet de publier cette fatale histoire, mais qu'il croyait qu'il serait peut-être mieux de la laisser dans un éternel oubli.

Après son rétablissement, je le rencontrai au bas d'un petit champ qui appartient à la vieille Brigitte, et il me serra affectueusement sur son cœur; il me dit qu'il était un peu plus calme, que sa santé commençait à se raffermir, et qu'il espérait se bien porter tout-à-fait avant peu de temps : il ajouta qu'il me laissait le maître des papiers qu'il m'avait confiés, et que j'en disposerais comme je le trouverais bon; de sorte qu'en vous transférant la propriété de ce triste héritage du malheur, je ne cours point le risque de violer ses dernières volontés.

Quelques jours après cet entretien, ce jeune homme disparut, sans que personne pût savoir précisément ce qu'il était devenu : on hasardait bien des conjectures plus ou moins vraisemblables sur cet événement, mais elles n'appaisaient en rien mon inquiétude.

Je pris le parti de me rendre à la chaumière, et je trouvai les amies de l'infortuné dans les larmes : c'était une scène déchirante, et qui me fit beaucoup de mal. Je cherchai à leur donner des consolations, mais cela était impossible dans le moment; elles souffraient trop. Je les quittai, et je m'en remis de leur guérison au temps, qui a seul le pouvoir de cicatriser les blessures de l'ame.

Je passai dans le bosquet où sont enterrées STELLA et sa mère, et où la dépouille mortelle de Lovely avait été nouvellement déposée. Le petit cyprès qui croissait sur la fosse de l'amante, venait d'être déraciné par un coup de vent; j'ordonnai qu'il fût remplacé avec quelque pompe, et le lendemain je fis des prières dans ce lieu même, en présence de plusieurs montagnards, pour le repos de ces ames qui ont été si cruellement agitées par les passions, et qui étaient si dignes de rester sans affliction dans le monde.

Ensuite, je poursuivis mes informations sur le sort de notre ami, et tout ce qu'on m'en rapportait me fesait frémir.

Un jour, le bruit se répandit, dans tout le village, qu'on avait reconnu son corps flottant sur le torrent, et que les eaux débordées l'avaient jeté sur une petite île, que vous avez pu apercevoir dans le vallon, où elle se trouve comprise entre les détours du ruisseau. Je m'y rendis en bateau; mais le cadavre était tellement défiguré, qu'il me fut impossible de retrouver aucun indice qui pût justifier les présomptions du peuple; je lui fis donner la sépulture, et je vous jure que cette circonstance me tenait dans un tel doute sur la vie future de l'infortuné, que je ne pus avoir de sommeil qu'après m'être assuré que ce n'était point lui, par l'inspection des vêtemens du suicide, qui furent découverts, dans les sables, la semaine suivante.

Peu de temps après cette époque, et autant que je puis m'en rappeler, vers la fin de cette année là, les feuilles publiques rapportèrent qu'on avait arrêté un émigré dans la montagne, et que ce malheureux n'était plus.

Dans l'ignorance où j'étais de son véritable nom, je n'ai pu m'éclairer sur l'effrayante relation qu'il y avait entre cette nouvelle et la date de son absence; mais un homme de la ville, qui a été témoin de la mort de l'émigré, nous l'a peint avec des traits si semblables à ceux de l'infortuné, que nous n'avons pas osé le méconnaître, et que nous nous sommes tous écriés : C'est lui !

Il est cependant possible encore que nous ayons été abusés par une de ces ressemblances frappantes qu'on observe quelquefois dans le monde ; et j'aime à croire que notre ami n'est pas perdu pour toujours, que le ciel n'aura pas voulu que l'expérience de ses infortunes fût sans fruit, et qu'il aura conservé sa vie pour la rendre l'exemple d'une autre génération.

Quant à l'intention où vous êtes de donner au public les mémoires que je vous adresse, je crois, en effet, que le tableau des malheurs qui ont suivi une passion illégitime, ne serait pas sans utilité dans ces jours de corruption; mais votre entreprise ne serait pas non plus sans inconvénient; et pour ne considérer que ce qui est du ressort du goût, il m'a toujours semblé que des écrits de la nature de celui-ci étaient un mauvais présent à faire aux lettres. Vous l'aviez bien senti vous-même, à la lecture que vous en fîtes dans la montagne, et vous essayez de détruire cet obstacle par des moyens qu'il est trop facile de combattre.

Je conviens qu'on devrait supporter un style inégal dans un livre qui n'est qu'une effusion rapide de sensibilité, et où les mots viennent représenter les sensations, sans que l'auteur se soit fort occupé de les ranger avec ordre et de bien nuancer les transitions.

J'avoue qu'il était impossible de ne pas laisser échapper beaucoup de répétitions et de tournures semblables, dans un ouvrage où toutes les idées naissent d'un seul sentiment dans des circonstances à-peu-près pareilles.

Je sais qu'il y a bien des choses qui nous paraissent bizarres, extravagantes et gigantesques, qui nous seraient peut-être venues dans la même situation, et qu'il n'est point étonnant qu'il y ait du dérangement dans l'expression, toutes les fois qu'il y a du désordre dans la pensée.

Mais dès qu'une production où l'on remarquera ces fautes tombera entre les mains d'un homme de goût, ne pensez-vous pas qu'il fera mieux de la laisser circuler parmi un petit nombre de personnes, que de la livrer à la foule qui n'y puiserait que des idées nuisibles ou exagérées, et aux critiques qui la déchireraient, faute d'avoir pu la sentir.

Permettez-moi de vous faire observer aussi que les feuilles que notre ami a sacrifiées à mes représentations, contenaient, si je puis m'exprimer de la sorte, une espèce de fil de suture qui liait le récit de tous ses incidens, et dont l'absence a laissé, entre les fragmens, tels qu'ils sont aujourd'hui, un vide qui nuit à la marche et à l'intérêt de l'ouvrage.

Entreprendra-t-on de remplir ces intervalles ? Je ne pense pas que le cri de la nature soit facile à imiter, et j'avouerai que je craindrais qu'on ne suppléât à ces lacunes que par une insipide marqueterie.

Cependant, je vous adresse les fragmens, et je m'en rapporte, sur leur emploi, tant à votre avis qu'à celui des gens respectables que vous vous proposez de consulter.

Si vous espérez que ce monument

devienne utile, si vous croyez que les malheurs d'un proscrit de vingt ans feront couler quelques pleurs, que ses vertus trouveront quelques enthousiastes, que l'image de ses remords empêchera quelques égaremens, n'hésitez pas.

D'ailleurs, tout réfléchi, les cœurs honnêtes sont si rares, qu'il est juste et louable de consacrer leur souvenir.

FIN.

TABLE

Des Chapitres contenus dans ce volume.

Fin de la Table.

EXTRAIT

Du catalogue du cit. LEPETIT, *Libraire, palais du Tribunat, n°. 223 des Galeries de bois.*

Adolphe, ou la Famille malheureuse, par madame G...van, 3 vol. in-18, fig. 3 f.

Le même, papier vélin satiné, fig. 15 f.

Tous ceux que l'infortune d'une famille tombée du trône dans les horreurs d'une injuste proscription, intéresse ou émeut; ceux aussi qui sont touchés de la fin de ses malheurs, et qui, sans pouvoir les terminer, la desirent, liront avec plaisir, sentiment, et, l'on ose le dire, reconnaissance, cet ouvrage, qui n'est pas si roman qu'on pourrait le penser.

Adèle et Sophie, ou les deux Amies, 2 vol. in-12, fig. 3 f.

Ce roman épistolaire est recommandable par la simplicité de l'action, la naïveté des sentimens et la clarté du style. Il est terminé par deux jolis contes de fées.

Adèle et Germeuil, ou l'Hermitage des monts Pyrénées, 2 vol. in-18, fig. de Queverdo. 2 f.

Le même, papier vélin satiné, figures avant la lettre. 10 f.

Dire que cette aimable pastorale se fait lire encore avec plaisir après celles de Gessner et Florian, c'est, en un mot, en faire l'apologie.

Adèlna, ou la Fille généreuse, 1 vol. in-18. 75 c.

Il n'est pas de lecteur qui n'applaudisse au caractère vraiment attachant de l'héroïne de cette histoire, qui offre, d'ailleurs, un grand intérêt.

Anna, ou l'Héritière galloise, traduction nouvelle de l'anglais de mistress Bennett, auteur de *Rosa* ; par M. Henry, 4 vol. in-18, fig. 4 f.

Parmi les femmes célèbres qui enrichissent l'Angleterre de leurs productions, les connaisseurs ont placé le nom de mistress Bennet à côté de celui de miss Burney, et l'on sait qu'il y a peu loin de celui-ci aux noms de Fielding et Richardson. La traduction est exacte et élégante.

Belle (la) *Indienne, ou les Aventures de la petite-fille du Grand-Mogol,* 2 vol. in-12, fig. 3 f.

Il y a sans doute de la bizarrerie dans cet ouvrage ; mais on y trouve des situations, de l'intérêt et quelques morceaux saillans.

Caverne (la) *de Strozzi,* 1 vol. in-12, fig. 1 f. 50 c.

C'est par cet ouvrage, petit dans la forme, mais important pour les vérités qu'il développe, que débuta l'auteur qui devait produire par la suite le *Cimetière de la Madeleine.* Outre le style pittoresque remarquable dans *la Caverne,* on est convenu que les caractères étaient tracés avec vigueur, et que l'action une, simple et vive, ne languissait jamais.

Célestine, ou les Epoux sans l'être, 4 vol. in-18, fig. 4 f.

C'est un bon ouvrage dans un mauvais genre, celui que madame Radcliffe a introduit parmi nous, et qu'on peut appeler *de la terreur.* L'intérêt se soutient et amène, après des aventures attachantes, un dénouement satisfesant.

Clarence Weldonne, ou le Pouvoir de la vertu, par madame Bournon-Mallarme, auteur des *Trois Sœurs* et des *Trois Frères,* 2 vol. in-12, fig. 2 f. 50 c.

L'auteur a justifié, par ce nouvel ouvrage, la réputation de ceux qui l'ont précédé. Le sujet en est plein d'intérêt, et ce n'est pas sans regret qu'on finit cette attachante lecture.

Camille et Agathe, ou *l'Amour vainqueur de la Mort*, 1 vol. in-12. 1 f. 50 c.

L'idée de ce petit ouvrage est ingénieuse, et son exécution très-agréable.

Cimetière de la Madeleine (le), par J. J. Regnault Warin, 4 vol. in-12, avec fig. et romances arrangées pour le *piano*. 7 f.

Cet ouvrage, trop célèbre pour avoir besoin d'apologie, présente le tableau déchirant et secret des malheurs, de la captivité, de la fin tragique de Louis XVI et de sa famille, et réunit à la véracité de l'histoire le vif intérêt du roman. Plusieurs brochures et romans ont usurpé ce titre qui, au défaut de talent, leur garantissait des succès. Le *véritable* CIMETIÈRE est signé de *Lepetit*, et seul enrichi de musique gravée.

Eléonore de Rosalba, ou *le Confessionnal des Pénitens noirs*, traduit de l'anglais d'Anne Radcliffe, par Marie Gay, 7 vol. in-18, fig. de Quéverdo. 7 f.

Le même, sur papier vélin satiné, fig. 30 f.

C'est le chef-d'œuvre de son auteur et du genre terrible. Le sujet est bien choisi, les caractères sont neufs, vigoureux et bien tracés, l'intérêt va toujours en croissant, et l'on admire sur-tout la beauté et le coloris des tableaux et des descriptions.

Enchantemens et métamorphoses des Génies et des Fées, 4 vol. in-16, avec fig. en bois. 3 f.

Les enfans s'en amusent ; le sage les lit en souriant, et dans leurs folles fictions, découvre toute la sublimité de la morale et toutes les richesses d'une imagination poétique.

Fables de J. de La Fontaine, nouvelle et belle édition, 2 vol. in 18. 1 f. 50 c.

Idem, 2 vol. in-12. 2 f. 50 c.

Ces chefs-d'œuvre du *bonhomme* sont au-dessus des éloges, comme au-dessus des critiques.

Félix, ou *Aventures d'un jeune Officier*, 2 vol. in-12, fig. 3 f.

Joli cadre, joli tableau, jolis portraits ; lecture amusante et spirituelle.

Florentin et Rosine, ou *l'Orphelin des Vosges*, 2 vol. in-18, fig. de Quéverdo. 2 f.

Il y a beaucoup d'intérêt et des situations attachantes dans ce roman.

Georgeana, ou *la Vertu persécutée et triomphante*, trad. de l'anglais, 2 vol. in-12, fig. 3 f.

Cet ouvrage est estimé pour l'utilité de son but.

Histoire d'Aglantine de Ruthner, ou *le Danger d'être belle*, 3 vol. in-18, fig. 2 f. 25 c.

C'est un point de morale usuelle et pratique, très-neuf et très-difficile à prouver, sur-tout aux jolies femmes. Nous les invitons à se procurer cet ouvrage qui, en leur présentant les dangers de la beauté, leur en démontrera les avantages, lorsqu'ils sont accompagnés d'un bon cœur et de la vertu.

Harcourt (d'), ou *l'Héritier supposé*, trad. de l'anglais de Mary Robinson, auteur d'*Angélina*, *Hubert de Sevrac*, 3 vol. in-12, fig. 4 f. 50 c.

Miss Robinson a su répandre dans tous ses ouvrages un intérêt si pressant, qu'on en quitte difficilement la lecture. Celui-ci est le digne frère des autres, et comme eux a été accueilli avec applaudissemens.

Isabelle et Théodore, trad. de l'anglais, 2 vol. in-12, fig. 2 f.

On ne peut disconvenir que, quoique le nœud de ce roman soit surnaturel, son intérêt et sa marche ne captivent puissamment et n'entraînent la réflexion.

Jeunesse de Figaro (la), par J. J. Regnault Warin,

auteur du *Cimetière de la Madeleine*; 2 vol. in-12., fig. 3 f.

Ce roman, dans le genre gai, intrigué et satyrique, offre une foule de tableaux et de portraits, des critiques naïves des mœurs, des usages et des préjugés. Il fera sourire ceux que les crayons de *Gil Blas* ont quelquefois amusé.

Juliette et Dalmor, ou *les Amans des Cévennes*, 2 vol. in-12, fig. 2 f.

L'ame qui a inspiré cette pastorale aime la campagne et la vertu, et peut aussi en inspirer l'amour.

Léonore de Grailly et Gaston de Foix, par madame de Wyllamor, auteur des Anecdotes Suisses, 2 vol. in-12, avec romances gravées. 3 f.

L'auteur de ce roman semble avoir hérité de la plume qui, dans le dernier siècle, traça l'intéressante *Princesse de Clèves*. C'est promettre aux lecteurs délicats un plaisir digne d'eux.

Léopoldine, ou *les Enfans perdus et retrouvés*, 4 vol. in-18, fig. 4 f.

Vous qui chérissez la peinture touchante de l'enfance, lisez *Léopoldine*, et après l'avoir lue dix fois, reprenez le livre pour la relire encore.

Les Loisirs utiles, *Linville et Eugénie*, *Belleval et Selville*, quatre anecdotes nouvelles, par d'Arnaud, 4 vol. in-18, fig. 4 f.

Le nom du cit. d'Arnaud, ce peintre du sentiment, non moins que le talent répandu dans ces nouvelles, leur ont mérité un succès assuré.

Le Désert, 2 vol. in-18, fig. 1 f. 50 c.

Malheurs de la jalousie, par madame Latour-Menard, 4 vol. in-18. 4 f.

Le même, papier vélin satiné avant la lettre. 20 f.

On a comparé le style de ces lettres à celui de la

Nouvelle Héloïse. Quel éloge ne serait superflu après celui-là ?

Marianne et Charlotte, ou l'Apparence est trompeuse, 3 vol. in-18. 3 f.

L'objet de cet ouvrage est utile, et la manière dont l'auteur l'a rempli ne peut manquer de plaire.

Milady Lindsey, ou l'Epouse pacifique, par madame Bournon-Mallarme, auteur des *Trois Frères* et des *Trois Sœurs*, 2 vol. petit in-18. 2 f. 50 c.

Ce portrait d'une bonne épouse, ce tableau d'une famille, plaira aux cœurs sensibles et vertueux.

Mères rivales (les), par madame de Genlis, 4 volumes. 4 f.

Plusieurs personnes regardent ce nouvel ouvrage comme le chef-d'œuvre de son auteur ; mais, sans lui donner ce titre, nous dirons que nous le croyons digne de figurer à côté d'*Adèle et Théodore* son aîné.

Nelson, ou l'Avare puni, par Marie Wouters, auteur du *Décaméron anglais*, 3 vol. in-12, fig. 3 f. 75 c.

C'est un vice tellement odieux que celui qu'a attaqué l'auteur de cet ouvrage, qu'on lui sait gré d'avoir mis en récit le sujet que Molière a mis en action. Ce roman est suivi de deux contes intéressans.

Nouveau Faublas, pour faire suite à celui de Louvet, 4 volumes avec gravures et romances, par J. F. Mimault. 4 f.

Cet ouvrage, écrit avec esprit et saillie, ne dépare point celui que l'auteur a pris pour modèle.

Nérine, ou le Mariage, 2 vol. in-18, fig. 2 f.

Œuvres de mistress Bennett, contenant *Rosa, Anna*, 14 vol. in-18, fig. 16 f.

La réputation de mistress Bennett est faite ; il n'est pas d'amateur de ce genre de littérature, qui ne se plaise à placer ses ouvrages à côté de ceux de Fielding son modèle, dont elle est devenue quelquefois l'heureuse émule.

Œuvres de Florian, petite édition originale, seule certifiée par lui, avec la *Vie de l'auteur.* 12 f.

L'auteur de *Numa, Estelle, Galatée, les Nouvelles*, n'a besoin ni d'annonces, ni d'éloges.

Ophélia, ou *l'Entrée d'une jeune personne dans le monde*, 2 vol. in-18, fig. 1 f. 50 c.

C'est un spectacle bien attachant que celui offert dans cet ouvrage. L'auteur, par la manière dont il l'a traité, l'a rendu plus intéressant encore.

Orphelines (les) de Flower-Garden, 4 vol. in-12, ornés de belles figures, imprimés sur papier d'Angoulême. 7 f. 50 c.

C'est un de ces ouvrages dont l'éloge semble affaiblir le mérite. On y trouve une action simple, vive, intéressante, qui se développe par degrés, et conduit la curiosité du lecteur jusqu'au dénouement le plus dramatique. Des caractères sagement indiqués et habilement suivis, des situations neuves et touchantes, et partout un style correct autant qu'animé, placent cette production au rang des meilleures.

Ozélia, ou *la Morte vivante*, 1 volume in-18, fig. 75 c.

Idée singulière et qui pique la curiosité.

Roméo et Juliette, par J. J. Regnault Warin, auteur du *Cimetière de la Madeleine*, etc., 2 vol. in-12, fig. 3 f.

Les jugemens portés sur cet ouvrage, que le sujet

et le style font sortir de la classe ordinaire des romans, l'ont indiqué comme présentant une grande action, des situations dramatiques, des caractères fortement peints et contrastés, une élocution brillante et animée, une morale saine, facile et véritablement *philosophique*, dans l'acception louable de ce terme devenu trop équivoque.

Rosa, ou la Fille mendiante et ses bienfaiteurs, traduit de l'anglais de mistress Bennett, auteur d'*Anna*, 10 vol. in-18, fig. 12 f.

Le plus brillant succès a couronné ce roman, qui offre le contraste très-attachant de la vertu indigente aux prises avec l'opulence vicieuse. Il reste peu d'exemplaires de cette traduction, dont le style épuré décèle une plume exercée.

Sainte-Hélène et Monrose, ou *les Aventures aériennes*, 2 vol. in-12, fig. 3 f.

Ce petit ouvrage offre quelques circonstances faites pour attacher le lecteur.

Secrets (les) *de famille*, traduits de l'anglais de M. Pratt, sur la troisième édition, par Mary Gay, traducteur d'*Eléonore de Rosalba*, 5 vol. in-12, fig. 9 f.

Qui ne serait flatté de trouver tous les papiers qui mettent à nu l'ame et les caractères d'une famille fertile en actions, en événemens, en situations? C'est précisément ce que présente cet ouvrage plein d'une connaissance exacte du cœur humain, et qui en donne les résultats les plus satisfesans.

Souffrances (les) *maternelles*, ou *Histoire de madame Haller*, écrite par elle-même, 4 vol. in-18, fig. 4 f.

Il n'y a qu'une mère qui puisse avoir éprouvé, il

n'y a que la plume délicate d'une femme qui puisse avoir décrit les sentimens qui abondent dans ce livre, qui fera le charme des cœurs sensibles.

Vie de Florian, formant le quinzième vol. des Œuvres de cet auteur, et complétant toutes les éditions, étant imprimée, sur trois papiers différens, par Didot jeune, et ornée de quatre belles figures, d'après Quéverdo, 1 vol. in-18. 1 f. 50 c.

Idem, papier d'Essonne, premières épreuves. 3 f.

Idem, papier vélin satiné, fig. avant la lettre. 5 f.

Les amis de la campagne, comme ceux de la belle littérature, ne peuvent manquer de s'intéresser aux détails de la vie d'un homme dont les écrits ont fait leurs délices. Il est doux de retrouver dans le jeune élève de Voltaire, l'homme de lettres vertueux qui devoit produire le grand *Numa* et l'aimable *Galatée*.

Veillées (les) d'une Femme sensible, par madame Latour-Menard, 2 vol. in-18, fig. 2 f.

Idem, papier vélin satiné. 10 f.

Un ouvrage de l'auteur des *Malheurs de la jalousie*, a droit à l'intérêt, nous oserions presque dire, à la reconnaissance des lecteurs.

Voyage aux sources du Nil et en Abyssinie, trad. de l'anglais de James Bruce, par P. F. Henry, 9 vol. in-18, y compris l'atlas, de vingt-deux planches et de la carte d'Abyssinie, gravées par Tardieu l'aîné. 15 f.

Idem, vélin satiné, atlas avant la lettre. 42 f.

Idem, vélin satiné, nom de Jésus, avant la lettre. 72 f.

Idem, nom de Jésus superfin d'Angoulême. 32 f.

Le nom de Bruce est assez célèbre, les contrées qu'il a parcourues présentent assez d'intérêt, le talent du traducteur est assez apprécié, pour que cet ouvrage continue à obtenir le grand succès qu'il a mérité.

Voyage en Nubie et en Egypte, de Norden ; rédaction de P. F. Henry, 4 vol. in-18, avec l'atlas de vingt-deux grandes et superbes planches, et de la carte d'Egypte, gravées par Tardieu l'aîné. 10 f.

Idem, vélin satiné, atlas avant la lettre. 24 f.

Idem, nom de Jésus, vélin satiné avant la lettre. 42 f.

Idem, nom de Jésus superfin d'Angoulême. 21 f.

Nous dirons la même chose de ce voyage, qui ajoute à son intérêt propre, celui des circonstances. Il est naturel d'aimer à s'instruire des particularités d'un pays que la victoire de nos armes a rendu Français.

Voyage au Canada et dans la partie septentrionale de l'Amérique, traduit de l'anglais par Lunier et Henry, 3 vol. in-8°., ornés de onze superbes figures et de deux cartes, papier vélin, fig. avant la lettre. 36 f.

Idem, papier fin ordinaire. 15 f.

Les journaux ont rendu le compte le plus favorable de ce voyage. *La Décade*, sur-tout, le regarde comme un des plus instructifs pour le fond, et des mieux rédigé quant à la forme.

Voyage à l'Ile des Peupliers, par Arsène Thiébaut, 1 vol. in-12, imprimé par Didot, sur papier vélin satiné, orné de quatre belles figures avant la lettre. 8 f.

Idem, papier d'Angoulême. 2 f. 50 c.

Idem, papier ordinaire. 2 f.

Les amis de la nature, de Rousseau, des lettres et

de la vertu, ne liront pas, sans émotion, ce petit ouvrage où respire une ame honnête, et où se manifeste le talent de peindre la campagne et d'exprimer le sentiment.

Œuvres de d'Arnaud, 14 vol. in-18, ornés de 27 fig. 14 l.

Lettres et Epîtres d'Héloïse et d'Abailard, 3 v. in-18, papier vélin satiné, de l'impression de Didot jeune, ornés de 6 superbes figures avant la lettre, dessinées par Queverdo, et gravées par Villeray. Cette édition est augmentée de plusieurs Lettres et Epîtres qui n'ont jamais parus, et qui forme un troisième volueme. Elle fait suite à la collection des petits formats imprimés par Didot; elle est tirée à très-petit nombre, et doit être distinguée de toutes les contrefaçons qui existent, qui sont toutes incomplettes et fourmillent de fautes. 18 f.

On en a tirés sur papier fin ordinaire, fg. avant la lettre. 4 f.

Idem, relié en veau, doré sur tranche. 5 f. 25 c.

Bibliothèque portative des Voyages, 13 vol. in-18, y compris 2 volumes d'atlas, gravé par Tardieu l'aîné. Prix, papier ordinaire. 25 f.

Idem, vélin satiné, atlas avant la lettre. 66 f.

Idem, vélin satiné, dit nom de Jésus, avant la lettre. 114 f.

Idem, nom de Jésus, superfin d'Angoulême. 53 f.

C'était un véritable service à rendre aux nombreux amis de la géographie historique et descriptive, que de réunir sous un format élégant et portatif, la *Collection des Voyages*. C'est ce qu'on a réalisé avec le plus grand succès. Outre le fonds intéressant choisi dans les voyageurs les plus connus, il faut remarquer ici la beauté de la forme, celle du papier et les caractères, le nombre et le fini des vignettes et des cartes qui enrichissent cette édition.

Chacun des *Voyages*, qui se vend séparément, est accompagné d'un atlas, gravé par Tardieu,

SOUS PRESSE, pour paroître dans deux mois.

Œuvres spirituelles de l'abbé Baudrand, 13 vol. in-12.

SAVOIR :

Ame (l') intérieure, ou Conduite dans les voies de Dieu. — L'Ame seule avec Dieu seul, 1 vol. in-12.

Ame (l') éclairée par les Oracles de la Sagesse. — Explication des huit Béatitudes. — Réflexions pour chaque jour du mois, tirées des *Conseils de la Sagesse*, 1 vol. in-12.

Ame (l') fidelle, animée de l'esprit de Jésus-Christ, par la considération de ses Divins Mystères, 1 v. in-12.

Ame (l') contemplant les Grandeurs de Dieu. — L'Ame se préparant à l'Eternité, par les sentimens de l'amour Divin, 1 vol. in-12.

Ame (l') sur le Calvaire, trouvant au pied de la croix la consolation dans ses peines, 1 vol. in-12.

Ame (l') embrasée de l'amour Divin, par son union aux Sacrés cœurs de Jésus et de Marie, 1 vol. in-12.

Ame (l') élevée à Dieu, par les réflexions et les sentimens pour chaque jour du mois, 2 vol. in-12.

Ame (l') religieuse élevée à la perfection, par les exercices de la vie intérieure, 1 vol. in-12.

Ame (l') affermie dans la foi, ou Preuves abrégées de la Religion, à la portée de tous les esprits et de tous les états, 1 vol. in-12.

Histoires édifiantes et curieuses, avec des réflexions, 1 vol. in-2.

Instructions sur les principales vérités de la Religion, par monseig. l'évêque de Toul, 1 vol. in-12.

Paix (la) intérieure, par Lambez, 1 vol. in-12.

Réflexions, Sentimens et Pratiques de Piété sur les Sujets les plus importans de la Morale Chrétienne, 1 vol. in-12.

Religion (la) pratique, ou l'Ame sanctifiée par la perfection de toutes les actions de la vie, 1 v. in-12.

Visites au S. Sacrement et à la Sainte Vierge, 1 v. in-12.

Chaque Ouvrage se vend séparément, 2 l. le vol. et 2 l. 10 s. relié.

BIBLIOTHÈQUE ROYALE

www.ingramcontent.com/pod-product-compliance
Ingram Content Group UK Ltd.
Pitfield, Milton Keynes, MK11 3LW, UK
UKHW012228240726
13966UKWH00003B/1001

9 782013 067645